Cerrar una ciudad

MUSEO SALVAJE

Colección de poesía

Poetry Collection

WILD MUSEUM

Santiago Grijalva

CERRAR UNA CIUDAD

Prólogo
Emilio Coco

Nueva York Poetry Press®

Nueva York Poetry Press LLC
128 Madison Avenue, Oficina 2RS
New York, NY 10016, USA
Teléfono: +1(929)354-7778
nuevayork.poetrypress@gmail.com
www.nuevayorkpoetrypress.com

Cerrar una ciudad
© 2019 Santiago Grijalva

© Prólogo:
Emilio Coco

© Contratapa:
Xavier Oquendo Troncoso
Abel Murcia

ISBN-13: 978-1-950474-13-4
ISBN-10: 1-950474-13-5

© Colección *Museo Salvaje* vol. 14
Homenaje a Olga Orozco
Poesía latinoamericana

© Diseño de colección y cubierta:
William Velásquez Vásquez

© Fotografía de portada: Santiago Grijalva

© Fotografía del autor: Mishel Cabanilla

Grijalva, Santiago
Cerrar una ciudad. Santiago Grijalva; 1a edi-- New York: Nueva York Poetry Press, 2019.
118p. 5.25 x 8 inches.

1. Poesía ecuatoriana. 2. Poesía sudamericana. 3. Literatura latinoamericana.

A Mishel Cabanilla

*Entonces supo él que siempre había sido
un pocoautor de todos sus poemas*

JORGENRIQUE ADOUM

PRÓLOGO

Conocí a Santiago Grijalva el año pasado en Quito y compartí con él momentos de alegre afabilidad e impulso de amistad. Fue un encuentro afortunado porque me dio la ocasión de descubrir a un poeta auténtico que puedo incluir entre los conocimientos no estériles.

Ahora me pide que escriba algunas palabras sobre su último libro que verá la luz en breve. Santiago Grijalva es un poeta joven, y los que tienen cierta edad, como yo, siempre nos acercamos a ellos con cierto recelo. Los poetas maduros, en general, reprochan a los jóvenes su ansia por sobresalir, su poco respeto hacia la Poesía y, convencidos de ello, desprecian lo que viene detrás de ellos, se creen que la poesía acaba con ellos, como temiendo que los jóvenes les van a quitar algo. Yo, en cambio, valoro mucho el trabajo de la gente joven y siempre pienso que pueden enseñarnos algo con la frescura y la novedad de su dictado.

Leyendo el libro *Cerrar una ciudad* que Santiago me envió en *pdf*, no me detuve en una primera aproximación, sino que sentí la necesidad de continuar leyéndolo hasta el final y de volver a leerlo una segunda y una tercera vez. Fue un continuo verificar, subrayar y aclarar el valor del texto hasta la última persuasión de que me encontraba ante una obra de una densidad e intensidad extraordinarias. Se percibía claramente el signo de una madurez y perfección que no atañe sólo a la inspiración sino también a la textura verbal y prosódica.

El libro está dividido en tres partes, cuyos títulos son: *Construcción*, *Exilio* y *La vida de dos*, marcadas todas por versos de corte rotundo e impecable, dentro de un tejido lexical y sintáctico finamente depurado.

La inspiración de Santiago está basada en hechos reales que se refieren sobre todo a una variada y sufrida historia de amor, pero que es también la realidad ambiental de la ciudad, de la casa y del paisaje, que con la realidad interior se funde íntima y continuamente, en una única y bien consolidada geografía lírica: "Nuestra ciudad / es la luz que se escapa de tu cuerpo". No se trata, pues, de un amaneramiento o fingimiento literario, de pretextos temáticos inventados a sabiendas para realizar un programa de poesía, sino de no saber alejarse de los impulsos y los estímulos primigenios de la autobiografía interior. Este es el sentido primero que se extrae de la lectura de *Cerrar una ciudad*. Una necesidad tenaz de fidelidad y adhesión a las razones de la vida y del sentimiento, donde la verdad profunda de la existencia sustancialmente se reconoce.

La de Santiago es una poesía de la duda y de la búsqueda, de la ausencia, del silencio y de la soledad (la palabra soledad se repite casi en cada poema), pero nunca de la desesperación y del vacío. Todo esto en un clima de constante tensión meditativa, con un aire de aflicción severa, pero nunca indulgente hacia las soluciones patéticas y sentimentales. Se percibe una sensación inquieta de pérdida, de naufragio, de extrañeza, no físicamente perfilada con concretos y precisos contornos, y sin embargo no por eso menos real, que impregna de amargura el paisaje existencial y terrestre.

El libro se abre con el poema titulado "Fundar una ciudad" que es, en pocos pero significativos versos, la descripción de la ciudad que el poeta quisiera fundar a medida de su amor, donde pueda "elegir la calle / que me lleve a tu dormitorio", "escoger / lluvia por la noche / para tener el pretexto de meternos en la cama" y "un par de personas" "para recordarnos que aún vivimos". El poema se cierra con dos versos contundentes: "Si fundo una ciudad / sé que tendrá tu nombre", dignos de figurar en cualquier antología.

La ciudad y el cuerpo de la mujer amada atraviesan como *un fil rouge* todas las páginas de este intenso y denso conjunto de poemas, configurándose como el verdadero *leitmotiv* del libro.

Con su innegable dominio del verso y su densidad de inspiración, Santiago Grijalva se ha convertido en uno de los jóvenes valores más prometedores de la actual poesía ecuatoriana.

EMILIO COCO

Me voy a inventar una ciudad. Es preciso
fundar un nombre, apenas vísperas
de una capital, como una predicción.

JORGENRIQUE ADOUM

Pueden sembrar una piedra,
sobre la cual se fundará después una ciudad
que ha de sobrevivirles.

ROLANDO KATTAN

Las calles de la infancia eran tan cortas
y todas doblaban la esquina.

XAVIER OQUENDO TRONCOSO

Construcción

FUNDAR UNA CIUDAD

I

Elegir la calle
que me lleve a tu dormitorio.

Héroes en las plazas,
un manojo de pájaros,
césped en las aceras
flores en las alcantarillas,
periódicos rodando por el empedrado
y un par de personas
para recordarnos que aún vivimos.

Escoger
lluvia por la noche
para tener el pretexto de meternos en la cama.

Si fundo una ciudad
sé que tendrá tu nombre.

II

Queriendo sabernos lejos
fundiremos con ladrillo y lágrimas
la casa que dibujamos en tu vientre.

Fundar una ciudad
es a veces
no despertar con la luz
que rompe el sueño
o con tus huellas húmedas
sobre la memoria.

LA CIUDAD EN ROMPECABEZAS

La ciudad se desarma
para dejarnos la ruta
donde nuestro andar se vuelve poesía.

Deshojamos el concreto
y nos quedamos en la calle del empedrado
donde raspé una de mis rodillas.

Las estructuras de cemento
nos contemplan silenciosas y noctámbulas.

Nos alcanzamos las comisuras
seguros de andar
sin dejar huella.

Nuestras pisadas reconocen
las plazas llenas de palomas.

No soy el hombre
que dominó tu sueño
tampoco el que cuido los tilos de tu jardín.

Soy el que se empecina
en pintar jirones en tus esquinas;
el animal puro de la ciudad.

Acuérdate que las calles son arquitectos
de nuestra memoria.

también de los vientos
que guardamos en el bolsillo
para ver morir el día.

Cuando volvemos a casa
sobre la habitación,
se escribe un poema.

En la cama
repites que te has enamorado de un poeta,
por eso me invaden dudas.

Antes de cerrar la ventana
pregunto:
¿Fueron las manos de Dios
las que deshojaron el concreto?

HABITANTE

Siento pena de su cuerpo,
su cabello en orden
y las manos premeditadas.

En el cristal de la ventana contigua
estoy queriendo ser inmortal,
como las flores que se marchitan
sobre el viento oscuro del mediodía.

Inútil
sin entender tu cuerpo;
el laberinto de tus pechos
y los enigmas escondidos en tus piernas.

Siempre fui un fracaso con los rompecabezas,
lo fui contigo y la noche,
acepté que la luna
era más pequeña que tu pupila.

Las paredes se llenan de acertijos
aquí todo tiene tu nombre.

Las sombras de la ciudad
cargan con tu ausencia.

EL RELOJ DE LA PLAZA

Cuando el tiempo se detiene
hay que escurrirlo mirando el mediodía.

En estas instancias
morir es un acto caritativo,
para no cansar a los relojes
con nuestra vida.

Pero no hay que sorprenderse:
si mueves una aguja
la ciudad se cae a pedazos.

ACERAS Y LLUVIAS

He muerto antes
de soñar con tus dedos,
sé que no soportas el peso
de esta estructura de remiendos.

Bebamos una copa,
olvidemos el verso que finjo
escribirte en soledad

Escribamos con azúcar y carbón
la nueva historia
de nuestra ciudad.

Escondámonos bajo la cama,
busquemos el lodo
de nuestras huellas
en los bosques de tu piel.

Dibujemos los charcos
como luces que se escapan al invierno.

Cerremos una ciudad.

Amémonos antes
siempre, un segundo después de las lluvias.

INVIERNO Y LA CIUDAD

I

Sangre que abandona el cuerpo,
neblina en los ojos
y una nebulosa en el pecho.

Piernas que no deciden su andar.

Tendré que dejarte,
abandonar la insipiencia de mis manos.

Tuve que haber servido
mi carne sobre tu mesa.

II

La somnolencia de tus labios
detiene el grito de la muerte.

Una lámpara espera verme las cicatrices de las manos,
no llego para ver las astillas prendidas en la piel del azar.

Un periódico golpea las piedras de la calle
una fotografía se torna amarilla con el ir de los vientos.

Cuándo entenderemos las calles escondidas
de nuestro último abrazo
en medio de la luz

III

La sangre empezó a abandonarme,
la ciudad llovía dulce sobre los huesos,
tu cuerpo espera la transfusión de sueños,
afuera, aguardan los gigantes en sus tumbas.

En nuestra ciudad aprendimos a andar
a conocernos por debajo de la tierra

Un epígrafe:
un par de soledades que van de la mano.

ALQUIMIA

Todo lo que toco
se ha de convertir en miseria.
Ahora entiendo
el porqué
de este cuerpo.

Es verdad que tengo abultado el cabello
y una mano con largos dedos
(pero la historia no se escribe con esos detalles).

Mi vida está repleta de comas,
pero prefiero llenarla de finales.

Por eso
que nadie crea mi amenaza.

Al escribirte, mi féretro
me extraña.

Nunca entendí
tu cuerpo sobre el diván,
tampoco como duele el cantar de los pájaros
y la inercia de sus vuelos.

Una única certeza:
la pesadez del miedo en el pecho.

PUERTO

Me detuve a contemplarte el cuerpo:
lugar de héroes
al filo del navío,
donde la nieve
se convierte en ceniza.

Nos queda
un adiós después del viaje,
un agravio escurrido
al perder el timón.

Una historia inconclusa del naufragio.

MEDIODÍA

Sentado en una plaza
contemplo
como un pájaro irrumpe su vuelo,
un anciano busca dinero en sus bolsillos
y un niño mira preocupado mis zapatos.

Enciendo un cigarrillo,
dibujo mi espera,
en soledad.

Pregunto al camino
si las huellas
fueron de los dos.

El viento de las plazas suele ser diferente:
encarnados los gritos de héroes
gritando revolución.

Dos señoras conversan
y mis manos han decidido
convertirse en lluvia,
cuando en el horizonte
no existe nada más que mi nostalgia.

La única verdad que me has dejado
es tu ausencia.

Entiendo que debo correr

como nos ha enseñado el tiempo
(con prisa y sin razón).

Decido quedarme
a buscar tu silueta por la tarde
para entender que las bancas
también son un féretro
que me falta conocer.

NOCHE DE VIERNES

I

Una llamada,
la voz sin aliento,
déjame conocer el anonimato de tu estadía.

Quiero entender:
qué soledad te recurre,
qué vientos han golpeado tus velas,
qué ciudad has dejado
en las pieles y las aceras.

No dejes que tu voz
empiece a disiparse,
que al otro lado
ya no escuche tu respiración.

Quiero que la vida
dure más
que este último respiro.

Que estas manos
desechen el fuego y la soledad.

Déjame junto a las cenizas de la noche
donde no hay más que espesura y gaviotas.

II

Te veo sujetar
la soledad
hacer arreglos con el dolor,
apretarte contra el filo
con la misma fiereza de nuestro primer abrazo.

Sostén mi mano
propón nuevos versos
para mis poemas,
nuevas estrellas para los pájaros
y caídas para los vértigos.

Saltemos al filo de la noche
bailemos vals en la cornisa del insomnio
desechemos la ciudad
y empecemos a caer
sin rompernos, sin saber
que tú fuiste
la que rehusó a despedirse.

FICCIONES

Mi casa fue tu cuerpo,
en ti aprendí
a andar a oscuras.

Sentí volver a la luz,
pero encontré la luna bajo la camisa
del infantil sueño.

La vida es esta aflicción
que rompe los huesos.

Tu amor
me deja sin amarras
en un puerto
donde el único capitán fue tu olvido.

El mar recorre el mundo.

Muero en la primera ola
de la soledad.

QUEBRANTAMIENTO

Siempre pinta arcoíris
para otros,
las nocturnas letras
doblegan la razón de sus sentidos.

Ahora es espeso el sudor del cuello,
el frio le invade las rodillas.

Y yo
desarmando una ciudad,
buscándola en las esquinas,
bajo una sombrilla,
persiguiéndola
sobre los ojos miopes de las personas ciegas.

Me encuentro atormentado
en el zaguán del infierno,
viendo el borde de una mano,
que dibuja sus labios.
Examiné mis falanges
y no coincidían.

A media voz despedí la noche
-decidí no irrumpir el momento-.

El nacimiento precario del amor
sonreía al infame

yo murmuraba.

RESUMEN

Una noticia:
dos pastillas.

Un recuerdo:
tres noches de domingo.

Una ausencia:
cuatro sonatas en invierno.

Una caída:
cinco días sin tu cuerpo.

Un árbol en la acera:
una soga que sugiere.

A veces así se resume la vida.

LLAMADA EN ESPERA

Una llamada que espero.
El sueño donde te proclamo por las noches.

La ciudad duerme
y espera el amanecer al amanecer.

Siempre quise
ser la sombra absurda
que nunca pudo abandonarte,
fingir que tu soledad
no se ha mezclado con la mía.

GOTERAS EN LA HISTORIA

Me queda
un viaje que no emprendo,
los diarios que no regalé en navidad,
una falta de sosiego
la recurrente paranoia con las sombras
de mi casa.

A lo lejos, me envuelve el recuerdo
con el verde aguamarina del prado que recorrimos
con mi padre.

No quiero hablar.

La vida se escapa
con solo mencionarte.

Siempre me rondan unas preguntas.

Por la ventana de un avión se pinta la ciudad
que hemos puesto como testigo
de lo que algún día
amamos.

SOBRAS

Ya son días
en que los sueños
han muerto a tu espalda.

Como tapete olvidado
me encargo de acumular el polvo
de tus huellas,
pidiendo tregua a la tierra.

Sí, la vida
es lo que sucede
y la muerte lo que se espera.

podríamos decir
que la ciudad es donde llora
el niño que jugueteó
privado de los cuentos de sus antepasados.

Queda la lluvia,
para completar el agua
para quebrarse con sueños interpuestos
con sueños manchados de soledades.

Una puerta abierta
delata la luz encendida
una cama sin propósito
a lo ancho de las sombras la silueta
y una soledad que no se ahuyenta.

JUSTIFICACIONES

Las noto diferentes,
no hablan entre sí.

Sus falanges no susurran.

Las huellas no coinciden.

Tanto me tomó entender
que mis manos son las culpables de tu ausencia.

RECUERDOS

Particularmente soy una especie extinta

el residuo de tinta,
la carencia de luz en tus ojos
y en este poema.

Entre las espinas de las rosas
no hay espacio para los dolores,
entre los recuerdos no hay espacio para las nostalgias.

No es la noche que delata un cuerpo confundido
son tus dedos o la palma en la que habito.

A la vuelta del tercer invierno,
al paso de la novena escalera sin pisar del recuerdo;

no te olvides de mí
de la soledad
y la espera.

Exilio

CIUDAD

I

Me duelen los huesos que la lluvia moja
las aspas de la ignorancia que me rodean,
las cumbres de las calles y los abismos del polvo
carcomiendo los recuerdos de una ciudad que duele.

Me parecen ridículas
las vidas que se encarnan en mis brazos
como pretexto para justificar las lágrimas.

Vuelvo a reconocerme en tus esquinas,
a tomar partida de los bancos de las plazas,
dispuesto a morir o esperar sobre el sinuoso acertijo de tus
piedras.

Poco espera el que mucho duerme.

La ciudad me anda como férreo
sobre mi costado,
cubriéndome los ojos
me escurro el cansancio
y la espera me devuelve al vuelo.

II

Ciudad de cristal
aun me quedo en tus aceras
para contemplar tus esquirlas.

Me disparan en la calle
y corro a esconderme,
pero tu transparencia me descubre.

La bala hace brotar mi sangre
dejándome manchar tu inmaculada llanura.

Me desangro y me golpean el rostro,
entorpezco el tránsito
y tan solo me acogen injurias

Ciudad ciega,
me duermo en tus orillas
en la noche que empezó la revolución.

III

Quieren que muera la ciudad
y la busco en los pocos adjetivos;
la absurda selva de cemento,
la icónica imagen de un suvenir,
la señora escondida en la niebla;
tan solo devela sus enigmas
para aquellos que no son poetas,
la que guardó su nostalgia en los pasajes de tren
queriendo aprender de la intemperie,
se ha quedado sola.

LOS OTROS

No es el fuego
quien ahuyenta a las hormigas.

Ni la sed quien mata a los leones.

Son ellos
que entienden la vida como una amenaza
que prefieren partir los huesos
a verse desnudos.

No es la lluvia
ni el sol lo que nos recoge a casa.

Es la dureza de vivir
el fracaso de querer ser diferente.

Es la soledad que se pinta de sombra.

SUEÑO DE ANCESTROS

El mundo se nos muestra
como niños rompiendo sus castillos de arena.

Duele la vida
y a veces resulta un poco absurdo mirarnos.

Porque el amor llama más temprano
al compartir la cama,
sin importar,
nos convertimos en algo inexplicable,
para aquellos que lo explican todo.

Nosotros,
hemos roto la cumbre de la soledad
con la suave nube que ha sabido ocultarnos.

Hemos escuchado a los muertos cuando cantan
y puedo asegurarte
que a menudo repiten nuestros nombres.

ALBORADA

Queda la nostalgia,
una mentira que nos encuentra dormidos,
el breve canto del jilguero
y la lluvia que parte los huesos.

Queda poco,
como un cigarro compartido,
o el whisky que no se termina
después de una larga noche.

Quedan las conversaciones desnudas sobre la almohada
una bocanada,
un sorbo más de la copa.

Es poco lo que queda,
porque la memoria
se ha tornado en un precario prefacio.

Solo esto,
dos cuerpos, una ventana.

Dos cuerpos y la tierra.

Queda poco: es verdad,
pero tenemos uno más del otro,
el sueño y la revolución.

Queda poco de la vida:

un pulmón y la ceniza.

Solo un pasillo,
tus huellas en mi cuerpo

y las manos.

PRESAGIO

Existen casas sin descubrir
por los hombres.

Ya no creo que mi cuerpo
sea una suerte
adivinada por los astros.

Me siento en la mesa
            a contemplar
                    tu silla vacía.

A mi ciudad
le falta el callejón
de tu ausencia.

DIVERGENCIAS

Los hombres que te sueñan
podrán llamarte,
nombrarte con fluidez
sin quitar el agrio de sus bocas.

Mi sentir
roza los recuerdos de tu infancia
donde los perros del silencio
defienden tu partida.

Eres el paracaídas olvidado,
antes de estrellarme
con tu cuerpo.

Te suplico sepas entender
mi desnudo.

No dejes mis manos
a la intemperie,
las que creen que tus abismos
son lugares donde ha muerto mi inocencia.

Soporta el peso
de estos huesos que no entiendo.

No dejes que sea el mismo.

Aún siento el vacío
que llama a la tierra por tu nombre.

INCERTIDUMBRE

Mi ciudad nunca tuvo un estadio
        pero lo inventé.

Cuando niño
lo visitaba con mi padre.

Al volver
teníamos barba
y cabellos largos.

Mi padre devolvía el balón
y yo me escondía en las faldas
de mi madre.

Nuestro estadio no tuvo espectadores
por eso no entendía el llanto.

Mis zapatos se rompen
 de tanto escapar.

Ahora juego en el empedrado
y entiendo
que mi padre
es la lluvia.

RESISTENCIA

Ese olor que suple tu ausencia,
la mala forma de tu cintura
y los lentes que olvidabas antes de besar,
la sábana de otoño que incinera la piel,
la absorta memoria para inmortalizar tu nombre.

Aunque mis dedos te desnuden
nunca arrancaré a Paris de tu memoria,
aun cuando lo desee,
no me permitiré
arremeter contra tu soledad.

PALABRAS

Si quisieras que la cuidad
te abandone, deberías buscar
la esquina de su último adiós.

Palabras que se han hecho silencio
un no nombrar
no esperar
un volveremos
una duda
un monólogo.

El cuerpo ausente
es el deseado
(porque aún podemos inventarlo).

En mi ciudad he aprendido a despedirme,
a decir adiós como se dice sin motivo
a los perros de la calle que acompañan nuestro volver
presuroso a casa,
enséñame tú, cómo has roto tanta inmensidad,
tanto concreto, con tus idas sin partir
de las memorias de tantos.

Sé que no soy extranjero
cuando rozo tu vientre
y en las manos
se develan las huellas de mis antepasados.

Este cuerpo
tiene sentido
bajo la luz que han robado tus dedos.

MISERIA

Ya nada retiene
mis lágrimas.

Me decido al camino obtuso
de arbustos y utopías,
al andar breve de gaviota herida
con la piedra que estropea el paso del viento.

Ya todo es ausencia,
incluso la casa resulta ajena,
el sentir de las manos
y la sombra de tu cuerpo
al mediodía.

Ahora que decidí
ser ajeno cargando mi bandera,
me detengo a contemplar
el alba donde se esconden
las luciérnagas.

El tiempo será quien decida cómo terminar el poema,
porque no soy más que el resplandor ausente de sangre.

Llueve para esconder las manos.
Al decidir la huida, devuelven el paisaje.

Un momento después
a medio paso de la ausencia

se me da por hablar de ti
para sentirnos cuerpo.

Algo más me espera
y me vuelvo optimista antes de partir:
imaginar tus dudas,
los libros que supieron leerme,
el sueño de unos dedos que buscan
tus pies fríos para despertar.

Solo eso,
que siempre fue todo.

NOCHE BUENA

La ciudad se cierra
como regalo de navidad.

Aún espero que la infancia no se rompa
en la dimensión investida
de lluvia.

Mi vida es como un castillo
de naipes
donde una rosa vive a custodia
del *Principito*.

No duele que alguien
golpee la integridad,
porque la dureza
del tiempo
me trajo a puntapié la juventud.

Estos años en que
la leche se torna agria,
el sabor dulce
se unta diferente en tu lengua
y la golondrina que hizo el verano
duerme en mi pecho.

Ya no soy pájaro
y no me desprendo de tus manos.

La gaviota de Bach
construyo la niñez,
el *Quijote* la consigna de morir
por un sueño.

Veinticuatro años de ausencias
        y la ciudad espera
que rompa el papel
en la que se envolvió.

DIRECCIONES

Me tomas de la mano
para andar detrás de ti,
mirar la soledad de tu cuello
y los besos que le faltan a tu espalda.

Tu andar torpe me distrae:
pies que luchan entre ellos,
nunca llegarán a un acuerdo,
pero eso si
        prometen no vacilar
            al abandonarme.

FRAGMENTOS

El cuerpo no resiste dibujarte.
Mis huesos no avanzan con esta soledad.

¿Dónde estás que te escondes
como mi sombra?
¿Dónde quedas,
si tus huellas no duermen en mi espalda?
      ¿Qué sería de mí sin tu tacto?
      (Aún no conozco la respuesta)
Pero es sencillo saber
      qué sería de ti
            sin el mío.

Y no me basta con hacerte aparecer en letras,
los signos no me alcanzan para nombrarte.

Bien sabemos que nos quedó corta
tanta sed
y tan poca hambre
pero, qué más da,
si el reflejo de tu recuerdo
se sucedió en los cuerpos
y me sobrepuse a ellos
(preste oído)
y supe de ti
no me alcanzaron los labios
para saborearte
porque vivo en la mitad que me dejas

tu nombre me suena a ausencia
y tus vértices me saben a ruptura,
hacer yo de incompleto
para quedarme en un lapso
a un respiro interrumpido por tu última nostalgia
dormir, sentir el pétalo de los vientos
quedarme,
arriba de tu soledad.

VÍSPERAS

Hay que resistir
verse las arterias y morir un poco
mover el espejo y desencajarse un tanto,
llevarla por los callejones
            por los recodos de la infancia
por el dolor acostumbrado,
por las soledades escuálidas,
llevar de la mano a la costumbre
y sentarla a ver los manjares de los dioses,
verse incompleto, para que la completud
sea ilusoria vanidad de las arrugas.

Resistir días sin tu cuerpo,
sin el olor de la casa antigua de los domingos,
sin albercas para la humedad.
Resistir es más que enfilar la vanguardia
y romperse el alma
en el quinto sonar de una escopeta,
más que recoger la hojarasca del optimismo
y dibujar nuevas rosas en los entierros de los sueños.

Resistir es dominar la luz,
volverse terco en los sonidos y repetir
con grilletes en la voz,
la canción que únicamente
los huesos cantan en la mañana.

DESIDIA

Abrí el cuaderno.
       Me encontré con tu amor líquido.
           Sobre el papel me tendí al sol.

Tus manos y mis hojas estaban vacías
un poco húmedas mis sábanas
       azules de tanto esperarte.

CON RESPECTO A LA SOLEDAD

Si mis ojos no me mienten
me quedé solo.

Las almohadas no me alcanzan,
se me quedan cortas
como nota de violín sin afinar.

Soy la normalidad de tus días,
lo cotidiano de lavar tus dientes
con mi recuerdo,
la rutina de cortar el cabello
en horas de luna,
noches donde no queda más que una rosa
que reseca la piel
al contacto con el agua.

Los auditorios que no se llenan,
las sillas vacías y frías que esperan
a que alguien caliente su cuerpo.

ESCRITO ANTES DE DESPEDIDA

Quedan manchas prendidas sobre el recuerdo
        de la memoria infinita de la tierra.

Será mejor, después del viento
será próxima la bienvenida esperada
        las nostalgias llegan siempre antes que la realidad,
como el fuego que nace en la nada viscosa de los segundos.

Cuantas veces he dicho que, al mirarte,
no retumban los pasos escuetos
        sobre las cerámicas frías de los sueños,
te he dicho que no hables a viva voz
        sobre la montaña única de los versos rodeados
                de faltas y calor.

Jamás de mi memoria se podrá escurrir
        aquella señal amarga de truenos,
        y las primeras caminatas a casa,
de mi mente no podrán espantar
aquellas moscas de Machado,
el terciopelo de Juan Ramón
ni la memoria de Niebla
        a pie de cama.

Puede que después de tanto
        únicamente me queden aquellos
        recuerdos esparcidos en los ramajes,
en la alfombra perfecta para mi dolor.

No hay más que una nomenclatura exacta
entre este tiempo y tu partida,
la alquimia recurrente del oro en cenizas.

Volveremos pronto, cómo quien vuelve,
por el abrigo olvidado
después de treinta segundos de inexorable paciencia,
como quien ama el viento,
      me desprendo de ti y tus destellos.

Aquel fue un minuto distinto al invierno,
un segundo al claroscuro de la buenaventura,
como quien esculpe niebla,
      nubla el corazón
          y hace de él un trasto inservible.

GOLPES

I

Quieren que me rompa,
que los pedazos se queden en la acera
reposen incompletos
y respondan desde el suelo.

Que duerma cuando no haya luz.

Los pedazos son amarras
de un barco abandonado.

II

Me tajo en tres mitades.
La poética no es una opción discreta.

Dos pedazos:
el incompleto amante se duerme
y me deja su sobrante
en la bota
con un sabor anticuado.

LÍMITES

Hay una fecha sostenida por mis días.
Me señala desde la pared blanca
donde tantas veces me reconocí en sus esquinas,
me apunta remarcando la soledad
y tristemente me rezonga,
desde aquel muro
            que hoy se encuentra tan distante.

Todo suena a reproche en estas horas,
que por qué no me coso una orilla a mis costillas,
que por qué no llego a una costa repleta de perlas
            y me las acomodo en los dientes
                        para que brillen,
por qué no he construido algún barco
            para dejarme al mar,
por qué no he sorteado a la suerte mis raíces,
por qué no he descubierto alguna isla
            o algún tesoro.

Me repite, qué hago con la misma camisa
            de hace tres jornadas,
que tome un baño en nombre de las rosas,
que no deje el café servido en la mesa,
que arrebate los bocados de oxígeno de a poco,
que no me de por muerto antes de la contienda,
que organice mis sentidos
            y que deje de llorar por las arañas.

Yo me cubro,
como quien no entiende,
el aroma fétido de la memoria.

Toda realidad cambia si se le agrega un ápice de nostalgia,
toda humedad reseca la piel cansada,
todas las naranjas no alcanzan en una sola mano,
todo se descubre cerca,
todo se amortiza a destiempo,
todo nace por donde gotean
        los colibríes con sus colores.

Ya no me alcanzo con estos huesos,
ya no hay sudor para tanto invierno,
ya nada detiene el abrazo contencioso de la muerte,
ya nada me baila por debajo de la tierra;
ahora solo voces que repiten aciertos en acuarelas,
que se oscurecen con golondrinas blancas
        pintadas por los ingenuos,
nada en esencia deja su camino
        si el único camino es el dolor,
si su único sueño es escupir al cielo
        y ver como el otro se vuelve un desafortunado.

Pero no descolgaré de mi pared aquel número
        que juega a conocerme,
no quitaré las baterías a mi reloj
        que me marca el ritmo,
no me cubriré con las sábanas cuando vengan
        las sombras a buscarme,

me apretaré el pecho
       y les diré que no tardo

que me esperen.

La vida de los dos

CERRAR UNA CIUDAD

Y soy del mundo cuando soy más tuyo.
LUIS GARCÍA MONTERO

Para Nosotros

La ciudad los envuelve
cuando el viento golpea
sus rostros.

La lluvia al amanecer;
parece el pretexto perfecto
para amarse.

Las luces los despiden,
pero ellos se niegan;
se toman de la mano
para viajar otra vez
a reencontrar su balcón
que viste de gris
al verlos morir.

Sobre sus pechos,
agitando los huesecillos,
cierran sus ojos
encuentran sus labios.

El sur cierra sus puertas al amor.
Desarman un reloj para esperarse al anochecer.

AMOR DE CERA

¿Quién los ve andar por la ciudad
si todos están ciegos?
JULIO CORTÁZAR

Enciende una vela si el corazón falla

si tu alma
ama menos que un reloj al tiempo;
vuelve la cabeza;
mira el amor que tengo.

Cuando se apague
has cosas innecesarias:
mójala,
destina su vida al basurero
hazla que sea parte de ti.

¿Cómo explicarte que nosotros somos la vela
que ha de salvar a los ciegos?

CUESTIONAMIENTO

Por la entrega, la ternura, la palabra,
Por la foto, el poema, por los libros.
Por vivirte, solamente por vivirte...
ELSY SANTILLÁN FLOR

Por ti,
   por duda,
por estar
   y sentir el mismo dolor.

Por pretender,
   por dejar,
por buscar,
   y ser misterio que amanece.

Porque si,
   porque quiero,
por color,
   y lo absurdo que nos resulta
     los zapatos en domingo.

Por hablar,
   por revolución,
por sabor...

O porque la infinidad
   se resume en tus dedos.

TE ENCONTRÉ LLENA DE MEMORIA

¿Me puedes decir por qué el tiempo se
gasta tan rápido cuando estamos juntos?
Dijo Bichito. Porque lo consumimos entre los dos:
lo mismo sucede con el café y los cigarrillos.
JORGENRIQUE ADOUM

Cómo si no me bastara con mover el pie para extrañarte.

Cuántas veces nos recorrimos
para encontramos el uno
en la piel del otro,

En el extraño sabor del primer cigarrillo,
el chocolate que aguardaba en la escuela,
la canción compuesta por mi padre,
el antiguo perfume que usaba mi madre.

A veces parecemos:
el café prometido en jueves,
la billetera vacía,
los diarios usados que escondo
donde miento sobre nosotros.

La memoria carece de imágenes:
el único negativo
que nunca revelo.

UNIVERSO

La nebulosa que se encuentra
al torcer tu esquina,
me deja con
un astro en el pecho.

Cada vez que visito tu casa
grito
a mitad de un Bing-Bang.

El caos de tu cuerpo
se compone en mis manos.

Poco nos importa
          el creacionismo
                    o la evolución.

Vivir en el caos
es como
          entrar en tus ojos
                    sin ser un astro.

FRUSTRACIÓN

Un esfero que se escapa.

El bostezo,
y la pregunta estricta.

Cuestionándome,
no entiendo las palabras.

Se escurren las ideas
y los zapatos se confunden
al ponernos de pie
(buscamos escapar).

Siempre dije
que no soy bueno recordando.

El silencio ronda en el salón
y te encuentro
cuando bajo la cabeza.

Tú sabes que
nunca entendí que era eso del matrimonio
y buscas en mis apuntes
la evidencia.

Un surco al hueco de la partida,
un tren que espera.

Prefiero dibujar
una rayuela sobre nuestro país.

Ahora la estación
está vacía,
tu aliento en la ventana
porque no era yo
quien debía abordar el tren.

Por cierto….
cuando dormías
yo besaba tus pies.

Y un esfero se me escapa.

JUVENTUD

Siempre fuimos en extremo discretos,
sintiendo la fiebre de los dieciocho,
armándonos en la revolución.

Acuérdate que la sangre
aun espera.

Finjamos que llueve
para escondernos en tu cuerpo.

AUSENCIAS

Las sillas,
        los libros,
el recuerdo,
        la canción,
las mesas servidas
        y los ancestros.

Mi ausencia,
        la soledad.

                Tu cuerpo.

RECUERDOS DE UNA NOCHE DE MAYO

Y preguntas si esta es nuestra ciudad,
si el sol de medio verano existe sobre nosotros.
Me preguntas cómo será la luna antes de amarnos
y cómo cantarán los timbres.

A hurtadillas nos metemos en la cama:

¿Qué si aún fumo?
¿El porqué de la lluvia y las lágrimas?

Al otro lado del puerto
resopla en el ir de una barca mi cuestionamiento.

¿Que qué día es hoy?
¿Que si has cambiado tu perfume?
¿Qué si mi brazo debe esperarte?
¿Que si tus pies aún se cubren entre ellos?

Al amanecer nos queda una anémona en el pecho
y el concreto nos espera.

Nuestra ciudad
es la luz que se escapa de tu cuerpo.

METAMORFOSIS

Me falta el sueño
para quedarme
y un desierto para
saciar la sed.

El aire se enturbia
en las esquinas,
y un pájaro agoniza
frente a nosotros.

Nos encargamos
de deshojar el árbol
que se le olvido al otoño,
de abandonar la hojarasca de periódicos
sin fecha, aún mojados
por el diluvio.

Ya no tengo cuerpo,
solo lluvia
para acariciar tus hojas.

Cuando vuelvo la cabeza
te conviertes en cerezo.

CONTRARIO

Volví para romper
los cristales de tu infancia
como una luz apagada
que se escapa
entre dos gotas
o el fino humo
de un cigarro que no enciendo.

Solo quedan trastos
en la cocina,
una cama hecha cenizas
y el polvo de estas manos
que se escapan.

¿Recuerdas las luces
de la ausencia
iluminando nuestros barcos?

El sol de París no es igual
      que tu sonrisa,
pero sigue
      iluminando
            la ruta donde
                  se enfilaron mis sueños.

RELACIONES

Aprendí a dejar huella antes de caminar.
He cumplido condenas anticipadas,
he regresado al romper el alba.
He crecido sin vivir por mucho tiempo.

Los enigmas que develo construyeron mi sinrazón.

Todas las cosas saben un poco a pasado,
aun cuando los minutos mueren en la ceniza.

Para acompañar mi ausencia
que mi sombra sea el único rayo que te espera en la esquina.

Sé que no conocías mis manos.

No entiendes que
fui yo quien te dibujó la sonrisa.

Fui eso que te amó
mucho antes de conocerte.

NOMBRAR

Dime algo
que me haga despertar la alegría.

Como qué la lluvia estará al empezar,
que las estatuas de las plazas
no son más que historias roídas,
que las palomas han hecho nido en nuestra ventana,
que las flores han de vivir al otoño,
que la primavera por primera vez no es una estación.

Dime algo que me rompa a pedazos:
que olvidaste el cinturón en la casa de un desconocido,
que los barcos nunca más llegarán a puerto,
que las cigarras olvidaron su canción.

Dime algo que me convierta en gusano:
que la tierra es dulce cuando la pisas
que el cielo siempre contempla tus huellas
que la habitación son cuatro paredes llenas de hojas.

Dime algo que me devuelva a tu cuerpo:
que me quede desnudo
que el reloj ha vuelto loco al tiempo
que la alfombra puede esperar nuestros pies hasta mañana.

Dime algo...
de lo que siempre quise escuchar.

CONTROL

Los temblores del cuerpo
me parten.
Mis huesos son lluvia.

Llegará el día
en que tome venganza,
pero soy un chico
al que le duelen los años,
una sombra
a la izquierda de tu cama.

Algún día mis noches
no vivirán a tu espalda.

Todo este insomnio
lo compensaré cuando te vayas.

CONTRARIEDAD

La muerte suele confundirse con la vida
cuando esperas el tren
donde un pañuelo no supo entender tus lágrimas
cuando encuentras una carta, una amistad que añoras
y le robas un secreto a un niño.

El viento susurra como ocarina en medio del desierto.

Es verdad que puede ocurrir lo contrario
como cuando la estación está vacía
después de la promesa escrita en una carta
cuando la lluvia no te coge por sorpresa
cuando rompes la imagen de la primera noche con su cuerpo
cuando la cuidad se ensucia con un nombre en los noticieros.

Existen veces que la vida
parece una sensación orgásmica.

Toda muerte tiene en un principio la vida.
Toda la vida tiene como principio la muerte.

Pero no todas las mujeres tienen tus manos.

DESNUDEZ

Me propongo ir tachando
los momentos que no he vivido contigo.

Pero reniego
y me torno incómodo bajo protesta.

Si nos hemos amado
para recordar la vida
dime,
¿Qué puedo esconder?

COMPILACIONES

Una noche
tiene todas las noches
 de nuestra historia.

Tras la lluvia muere mi deseo.

Aún sueño con el mar
como una roca herida.

COTIDIANO

Hay gradas en las que no cabe mi pie,
días en que mi cuerpo es un sobrante del mundo.

También hay noches
donde no caben las luciérnagas
ni los árboles ateridos de hojas.

Existen teatros donde los guiones sobran
periódicos con exceso de encabezados
mujeres a las que le sobran hombres
y habitaciones repletas de recuerdos.

Pero he escuchado en las noticias
sobre plazas con butacas vacías,
espacios sobrantes en las aceras
muchos medios días
vacíos de escenario y bebidas.

Y te digo que no,
que no es un sitio seguro al cual recurrir,
que olvides las mentiras de la radio,
que apagues la memoria
y contemples como la lluvia proviene de los pájaros.

Tranquila:
En mis manos alcanzan tus nostalgias

ANTICIPO

Una noche
muere entre los escombros de tu cuerpo,
si miro por debajo de mis pies
la tierra me ensucia tu nombre.

Embriagado de sombras,
me encontré en el espejo roto de la habitación
desnudo,
como la mísera apariencia de la soledad.

El piso retumba por tus piernas,
me agazapo como un recién nacido,
buscando tus manos,
encuentro que es otra tu idea.

Una última cuestión,
¿me amaste alguna vez?
¿fue solamente el miedo?

Soy un animal ausente de su madriguera.

Come lentamente de mi carne,
has que está muerte me valga la vida.

PARA SER DOS

¿Cómo explico lo que el pecho aprisiona?
después de todo
te cuento que has sido la armadura que encaja con mi cuerpo,
la lluvia que no moja al recoger la ropa tendida.

Para amarte no tengo registro,
únicamente la soledad rota al filo de la cama
y el juego infantil de nuestras miradas.

Quisiera entender la realidad
por el reflejo que nace de tus hombros,
con la cara al sol
como esclavo en tiempos de libertad.

Nadie resumirá la historia
aun cuando digan que la buenaventura
ha olvidado la quimera vespertina
y nos rompan
en este camino de espinas y naufragios.

Cuando la tarde invada nuestra cabeza,
dejemos que las hormigas
dibujen el camino a la habitación,
donde encontraremos nuestros rasgos olvidados.

Acepta los pronósticos,
pero no dejes que despierte
cuando encuentres el mirlo de la austeridad

dormido en mi pecho.

No renuncies a nuestro lugar
        que aún nos queda
                un par de ciudades por cerrar.

ACERCA DEL AUTOR

Santiago Grijalva (Ibarra, Ecuador; 1992) Psicólogo Social Comunitaria. Pertenece al grupo de literatura *Aporema* (Universidad Politécnica Salesiana). Publicó su primer poemario; *La revolución de tus cuerpos* (2015), bajo el sello "El Ángel Editor", *Arreglos para la historia* poemario (2017), *Los desperdicios del polvo (2018)*. Consta en la *Antología de Poesía Española Contemporánea "Y lo demás es Silencio Vol. II"* (Chiado Editorial; Madrid, 2016), *Seis poetas ecuatorianos (*Editorial Caletita; México 2018). Sus poemas han sido publicados en la revista Aérea Revista Hispano Americana de Poesía (Santiago de Chile; 2018) *Utopía* (Edición N°93; 2016) *Cuando E. P. Thompson se hizo poeta: revista de poesía política* (N°4; 2017). Participó como invitado en el *Festival Internacional de poetas Poesía en Paralelo Cero* (Ecuador, 2016) y *Las líneas de su mano* (Bogotá,2018). Coordinador del Décimo Encuentro "Poesía en Paralelo Cero" 2018.

ÍNDICE

CERRAR UNA CIUDAD

La vida de los dos

Colección
PIEDRA DE LA LOCURA
Antologías personales
(Homenaje a Alejandra Pizarnik)

Colección
MUSEO SALVAJE
Poesía latinoamericana
(Homenaje a Olga Orozco)

Colección
TRÁNSITO DE FUEGO
Poesía costarricense
(Homenaje a Eunice Odio)

Colección
LABIOS EN LLAMAS
Poesía emergente
(Homenaje a Lydia Dávila)

1

Fiesta equivocada
Lucía Carvalho

2

Entropías
Byron Ramírez Agüero

♦ ♦ ♦

Colección
SOBREVIVO
Poesía social
(Homenaje a Claribel Alegría)

1

#@nicaragüita
María Palitachi

♦ ♦ ♦

Colección
MEMORIA DE LA FIEBRE
Poesía de género
(Homenaje a Carilda Oliver Brava)

1

Todas somos amigas
Laura Casasa

Para los que piensan, como Eduardo Lizalde que *solo dos cosas quiero, amigos,/ una: morir,/ y dos: que nadie me recuerde/ sino por todo aquello que olvidé* este libro se terminó de imprimir en el mes de abril de 2019 en los Estados Unidos de América.

www.ingramcontent.com/pod-product-compliance
Lightning Source LLC
Chambersburg PA
CBHW022032090426
42741CB00007B/1030